Mirjam O

Een spio
b-b-bang

Tekeningen van Kees de Boer

Zwijsen

Toegekend door KPC Groep te 's-Hertogenbosch

1e druk 2006

ISBN 90.276.6328.9

NUR 286

©2006 Tekst: Mirjam Oldenhave
Illustraties: Kees de Boer
Vormgeving: Rob Galema
Uitgeverij Zwijsen B.V., Tilburg

Voor België:
Zwijsen-Infoboek, Meerhout
D/1919/2006/113

Inhoud

1. Oom Ben

Rins komt uit school.
Hoera, het is zomer.
En hij heeft zes weken vrij!
Hé, wie staat daar bij het hek?
Het is oom Ben!
Rins rent naar hem toe.
'Oom Ben!' roept hij.
'Gaan we iets leuks doen?'
Oom Ben kijkt om zich heen.
'Nou, leuk ... leuk ...' zegt hij zacht.
Aha!
Rins weet genoeg:
Dit wordt weer spannend!

Ze lopen samen naar het park.
Oom Ben is stil.
Niets vragen, denkt Rins.
Het zal wel weer geheim zijn.
Want oom Ben is niet zomaar een oom.
Hij is geheim agent!
Maar niemand weet dat.
Alleen Rins.
Oom Ben kijkt weer om zich heen.
'Hoe gaat het op school?' vraagt hij.
'Goed,' zegt Rins.
'En zeg nu maar wat er aan de hand is.'
Oom Ben zucht.
'Ik wil je wat vragen, Rins.

5

Maar het mag niet.'
'Vraag toch maar,' zegt Rins.
'Ik houd mijn oren wel dicht.'
Oom Ben moet lachen.
Dan vertelt hij:
'Ik zoek de leider van een bende.
Ik weet waar hij is.
Ik weet wat hij doet.
Maar ik weet niet wie het is.
Helaas kent hij mij.
Hij weet dat ik agent ben.
Dus mag hij mij niet zien.
Daarom zoek ik een spion.
Een spion die mij wil helpen.
Eentje van twaalf jaar …'

Zonder iets te zeggen lopen ze door.
Rins voelt dat zijn hart heel snel klopt.
Maar hij laat niets merken.
Oom Ben schraapt zijn keel.
'En?' zegt hij dan.
'En wat?' zegt Rins.
'Ik had mijn oren toch dicht?'
Oom Ben zucht.
'Laat maar,' zegt hij.
'Ik mag het niet vragen.'

Dan zijn ze in het park.
Ze gaan zitten op een bank.
'Ik hoorde je wel, hoor,' zegt Rins.
'Vertel eens wat meer?'

Oom Ben knikt.
'Ik zoek dus die leider.
Ik weet dat hij goud smokkelt.
Hij haalt het uit een ander land.
En hij brengt het stiekem naar ons land.
Daar krijgt hij héél veel geld mee.
Hij werkt in een sportclub.
Je weet wel: TVC.'
Rins knikt.
Hij kent TVC heel goed.
TVC is een Top Voetbal Club.
De spelers van TVC zijn héél goed!
'Wat moet die spion doen?' vraagt Rins.
'Die moet naar TVC gaan,' zegt oom Ben.
'Ze vragen om een jongen.
Een jongen die klusjes doet.
Die spion van twaalf moet dat gaan doen.
En dan heel goed om zich heen kijken.
Niets laten merken.
Alleen maar alles in de gaten houden.'

Daarna zijn ze heel lang stil.
Rins denkt na.
'Ik durf het niet te doen,' zegt hij.
Oom Ben zegt niets.
'Straks komen ze er achter,' zegt hij.
Oom Ben zegt niets.
'Ze weten dat ik jouw neef ben,' zegt Rins.
Oom Ben zegt niets.
'Ze zien dat ik bang ben,' zegt Rins.
Oom Ben zegt niets.

Rins denkt weer na.
Hij twijfelt heel erg.
Hij vindt het eng.
Maar hij heeft er ook zin in!
'Oké, ik help je,' zegt hij dan.
'Mooi zo,' zegt oom Ben.
Hij staat snel op.
'Ga er maar heen.'
'Nu meteen?' vraagt Rins verbaasd.
'Ik heb toch geen haast?'
'Jawel,' zegt oom Ben.
'Je hebt juist heel, heel veel haast.'

2. TVC

Rins loopt naar het veld van TVC.
Waar begint hij aan?
Waarom heeft hij ja gezegd?
Nou ja, niet zeuren.
Daar is het clubhuis.
Rins doet de deur open.

Binnen is een bar.
En er staan tafels en stoelen.
Achter de bar staat een vrouw.
Ze heeft zwart haar.
'Dag schat, wat kom je doen?' vraagt ze.
Schat? denkt Rins.
Hij krijgt een rood hoofd.
Wat ik kom doen? denkt hij.
Ik ben een spion, nou goed?
Maar hij zegt: 'Ik kom voor de baan.'
'O, goed zo!' roept ze.
'We hebben je echt nodig.
Ik ben Maud.
Kom maar.
Dan vertel ik wat je moet doen.'

Maud legt alles uit.
Rins moet voor de jongens van TVC zorgen.
Hij moet thee maken.
En brood smeren.
En zorgen dat alles schoon blijft.

'Je krijgt drie euro per uur.'
Zo, dat is mooi, denkt Rins.

Dan zwaait de deur open.
Er staat een man met een kaal hoofd.
'Zo, wie ben jij?' roept hij.
Zijn stem is laag en hard.
Net een beer!
Zou hij de leider van de bende zijn?
'Ik ben Rins,' zegt Rins zacht.
'Hij komt klusjes doen,' zegt Maud.
De man bekijkt Rins van top tot teen.
Dan knikt hij.
'Ik ben de baas hier,' zegt hij.
'Je moet dus doen wat ik zeg.
Breng me maar een pilsje.'
Ja zeg, ik ben geen ober! denkt Rins.
Maar Maud zet een glas bier op de bar.
'Voor Zwier,' zegt ze zacht.
Zwier, wat een naam!
Rins zet het glas voor hem neer.
Zwier zegt niet eens 'dank je wel'.

Dan komt het elftal van TVC binnen.
Ze zijn moe en vies.
Rins krijgt het druk.
Hij brengt brood en melk.
Eén jongen wil een pleister.
De trainer* vraagt om papier en een pen.

* Je spreekt uit 'trener.'

Rins rent en draaft en holt.
Hij wordt er moe van.
Maar het is wel leuk.
De jongens zijn aardig.
Er is ook een soort dokter.
Ze noemen hem Dok.
Hij is blij en maakt steeds grapjes.
Om vijf uur is Rins klaar.
'Goed werk, Rins,' zegt de trainer.
'Ik zie je morgen wel weer.
O ja, maandag gaan we naar Spanje.
Daar is een grote wedstrijd.
We gaan met de bus.
En we blijven twee dagen weg.
Als je wilt, mag je mee!'
Rins schrikt.
Spanje …
Nemen ze dan stiekem goud mee terug?

3. Een pistool?

Die avond komt oom Ben op bezoek.
'Ha Ben!' zegt de moeder van Rins.
'Lang niet gezien!'
'Ha oom Ben!' zegt Rins.
'Lang niet gezien!'
Oom Ben grijnst.
'Potje voetbal, Rins?' vraagt hij.
Rins knikt.

Ze lopen naar de tuin.
'Hoe was het?' vraagt oom Ben.
Rins vertelt over de jongens.
En over Zwier, Maud en de trainer.
'Er is ook een dokter bij,' zegt hij.
'Die heet Dok.
En Zwier is een botte beer.
Ik denk dat hij de leider is.'
Oom Ben haalt zijn schouders op.
'Ze gaan naar Spanje,' vertelt Rins.
'Mooi zo!' zegt oom Ben.
'Dan kun jij mooi mee!'
'Wie beslist dat!' roept Rins.
Oom Ben zegt niets.
'Oké, ik ga mee,' zegt Rins dan.
'Dat dacht ik wel,' zegt oom Ben.
'Daarom heb ik wat bij me.'
Hij haalt een pakje uit zijn zak.
Rins schrikt.

'Is dat een pistool?' roept hij.

'Doe normaal, joh!' zegt oom Ben.

'Het is een mobiel.

Bel me elke avond om acht uur.

Je drukt twee, twee, twee.

Dan neem ik meteen op.'

Rins knikt.

Oom Ben kijkt Rins aan.

'Rins, doe geen rare dingen!

Je hoeft geen held te zijn!

Want als je ontdekt wordt, dan …'

'Dan wat?' vraagt Rins bang.

'Joehoe!' roept de moeder van Rins.

'De thee staat klaar!'

'Laat maar,' zegt oom Ben.

'Kom, de thee wordt koud.'

4. Naar Spanje

Het is zes uur in de morgen.
Rins staat bij de bus van TVC.
Ik lijk wel gek, denkt hij.
Wat is het vroeg!!
Zijn moeder is er ook.
'We gaan!' roept Dok.
Rins geeft zijn moeder een kus.
Hij pakt zijn tas en stapt in.
Naast Ali is een plek vrij.
Ali is de doelman.

Dan gaat de bus rijden.
Dok zit achter het stuur.
Rins zwaait naar zijn moeder.
'Op naar Spanje!' roept Maud.
Het is echt een lange reis.
Uren en uren duurt het.
Maar het geeft niet.
Rins praat met Ali.
Ali kent heel veel moppen.
Rins lacht zich slap.
Maar Zwier is stil.
Hij kijkt de hele reis uit het raam.

De bus rijdt maar door en door.
Na een paar uur komt de trainer.
'Rins?' vraagt hij.
'Hoe wist jij dat TVC iemand zocht?'

Oeps, Rins schrikt.
Wat moet hij zeggen?
'Iemand zei dat,' zegt hij zacht.
'Wie dan?' vraagt de trainer.
'Een vriend van mijn neef,' zegt Rins.
'Hoe heet die dan?' vraagt de trainer.
'Die vriend van je neef?'
'Wat vraag je veel!' roept Ali.
Goed zo!
Nu kan Rins denken.
'Hij heet Jan,' zegt hij snel.
De trainer knikt.
En dan gaat hij weer weg.
Pffff.
Rins heeft het er heet van.
Wie, o, wie is de leider?
Het kán de trainer zijn …

Om half acht zijn ze er.
De bus stopt voor het hotel.
Rins deelt een kamer met Ali.
In de eetzaal staat de soep al klaar.
Ze gaan gauw aan tafel.
O jee, denkt Rins.
Ik moet om acht uur oom Ben bellen!
Het is nu tien voor acht.
Ik ga straks naar de wc, denkt hij.

Om één minuut voor acht staat hij op.
De mobiel zit in zijn zak.
'Even naar de wc,' zegt hij.

De trainer kijkt hem na.
Dat vóélt Rins.

Rins zit op de wc.
Hij drukt twee, twee, twee.
'Met mij,' zegt oom Ben.
'Ook met mij,' zegt Rins.
'Rins, hoor eens,' zegt oom Ben.
'De leider weet dat er een spion is.
Dat heeft hij ontdekt.
Ik hoorde het hier op mijn werk.
Maar hij weet niet dat jij het bent.
Pas dus goed op.
Doe geen gekke dingen.'
Gekke dingen? denkt Rins.
'De trainer doet raar,' zegt hij.
'Hij vraagt zo veel!'
Oom Ben zucht.
'Je had niet moeten gaan.
Er is te veel gevaar.'
'Daar kom je nu mee!' roept Rins.
'Ga maar gauw terug,' zegt oom Ben.
'Je hoeft niets te doen.
Zorg dat je heel thuis komt!'
En weg is hij.

Rins gaat snel weer naar de eetzaal.
'Wat was je lang weg!' zegt de trainer.
'Heb je soms last met poepen?' lacht Ali.
Rins lacht maar snel mee.
Een zuur, bang lachje is het.

5. Een laars met een mes

De volgende dag staat Rins vroeg op.
Hij moet aan het werk!
Straks is de wedstrijd.
Rins zet de schoenen klaar.
Hij ruimt de kamers op.
Hij schenkt thee in …
Dan komt Dok in de keuken.
'Hoe gaat het?' vraagt hij.
'Heel goed,' zegt Rins.
'Bel je wel naar huis?' vraagt Dok.
Rins schrikt.
'Ehm, ja,' zegt hij snel.
'Waarmee bel je dan?' vraagt Dok.
'Heb je een mobiel?'
Help, denkt Rins.
'N-n-nee … ik heb ehm …'
Hij krijgt het heet.
'Het was de mobiel van Ali,' zegt hij.
En dan … gaat de deur open …
Daar is Ali!
'Hoi Ali!' zegt Dok.
'Heeft Rins jouw mobiel geleend?'
Ali kijkt heel gewoon.
'Klopt,' zegt hij.
'Om naar huis te bellen.
Ali geeft Rins een knipoog.
Rins wacht tot Dok weg is.
'Dank je wel, Ali,' zegt hij dan.

'Geen dank,' zegt Ali.
Hij vraagt niet door.

Rins loopt de trap af.
In de hal staat Zwier.
Hij zegt niets.
Hij kijkt alleen maar naar Rins.
Van top tot teen.
En van teen tot top.
Rins krijgt het er warm van.
'Hoi Zwier,' zegt hij schor.
Zwier zegt niets …

Dan is het vijf uur.
De jongens van TVC zijn er weer.
Ze zitten heel blij aan tafel.
Het was 2-1 voor TVC!
Ali is de held van de dag.
Hij is de beste keeper van het land.
Rins zit naast Zwier.
Die zegt weer eens niets.
Rins kijkt naar de laarzen van Zwier.
Ze zijn hoog en bruin.
Hé, wat ziet hij daar?
Er zit een gleuf in de ene laars.
En in die gleuf zit een …
… een mes?
'Is er wat?' vraagt Zwier.
Rins schudt zijn hoofd.
Wat zou er zijn?
Een mes in je laars, heel gewoon toch?

Hij pakt zijn cola.
Maar zijn hand trilt.

Na het eten heeft Rins vrij.
Hij gaat naar zijn kamer.
Het is bijna acht uur.
Ali is er niet.
Rins pakt de mobiel.
Twee, twee, twee …
'Met mij,' zegt oom Ben
'Ook met mij,' zegt Rins.
'Hoe gaat het?' vraagt oom Ben.
Rins vertelt alles.
Oom Ben klakt met zijn tong.
'Was je maar thuis,' zegt hij.
'Het wordt me veel te link.'
Rins slikt.
'Ik bel je morgen weer,' zegt oom Ben.
'Doe geen rare dingen …'
Er wordt geklopt!
Dok komt binnen.
'Oké, dag mam!' zegt Rins hard.
Vlug drukt hij de mobiel uit.
Dok kijkt lang naar de mobiel.
'Kom je?' vraagt hij dan.
'Er is taart!'

6. De kist in het ruim

Het is woensdag.
Ze zitten al om acht uur in de bus.
Rins mag weer naast Ali.
Hebben we nu goud bij ons? denkt hij.
Waar zou het dan zijn?
In het ruim, bij de tassen?
Rins zucht.
Ik ben een spion van niks, denkt hij.
Ik ben alleen maar bang.
'Ali,' vraagt hij zacht.
'Waarom heeft Zwier een mes?'
'Voor zijn fruit,' zegt Ali.
Zou het waar zijn?

Na een paar uur stopt de bus.
Ze zijn in een klein dorp.
Dat heet Viga.
'Pauze!' roept Dok.
'Plassen en eten!'
De jongens gaan de bus uit.
Ik wil wat doen, denkt Rins.
Dan is oom Ben trots op me.
Hij loopt naar het ruim.
Dat is een grote klep achter de bus.
Rins kijkt goed om zich heen.
Nee, niemand ziet hem.
Dan maakt hij de klep open.
Zijn handen zijn nat van het zweet.

Zo eng vindt hij het.
Hij kijkt naar binnen.
Er zijn héél veel tassen.
Zit er een vol met goud?
Maar … welke dan?
Er staan ook flessen met water.
En er staat een kist.
Zit daar soms goud in?
Naast de kist ligt een bal.
'Zo Rins!'
'Wha!' roept Rins.
Hij schrikt zich kapot!
Het is de trainer.
'Zoek je iets?' vraagt hij.
'Nee, n-n-niet echt,' zegt Rins snel.
'Ik dacht: ik pak de bal even.'
'Ga maar,' zegt de trainer.
'Ik doe de klep wel dicht.'
Rins loopt weg op slappe benen.
Met de bal in zijn armen.

'Rins, help eens!' roept Maud.
'Schenk de melk maar in.'
'Dan smeer ik het brood.'
Ze kijkt Rins aan.
'Wat ben je wit.
Is er iets?'
'Ik zou niet weten wat!' zegt Rins.
Zijn handen trillen van angst.
Wat zit er in die kist, denkt hij.
Zal ik nog één keer gaan kijken?

'ETEN!!!' brult Maud.

Het is nu tien voor twaalf.
Rins haalt zijn mobiel uit de bus.
Want oom Ben belt om twaalf uur.
Hij kijkt om zich heen.
Daar zit Zwier, ja, daar is Dok.
De trainer staat te plassen.
Maud helpt bij het brood …
Het kan!
Snel sluipt hij naar het ruim.
Hup, klep open.
Snel, snel …
Hij springt in het ruim.
Hoort hij iets?
Nee.
Hij trekt de klep weer dicht.
Oeps, donker!
Geeft de mobiel licht?
Ja, goed zo!
Het lijkt wel een lamp!
Vlug, vlug, vlug!
Rins opent de kist …
Er ligt een voetbal in.
En verder ligt er touw, heel veel touw.
Het lijkt op een ei in een nest.
Ho!
Hoort hij iets?
Nee, toch niet.
Boem boem, dat was zijn hart.
Hij voelt onder het touw.

Nee, er zit geen goud in de kist.
Jammer dan.
Hij voelt nog onder de bal.
Hé, die bal is wel erg zwaar.
Het lijkt wel een kogel!
Rins tilt hem op.
En dan weet hij het.
Goud.
Er zit goud in de voetbal.
'Rins, waar zit je!'
Dat is Ali!
Gauw weg!
Rins klapt de kist dicht.
Hij doet de klep open.
Snel springt hij eruit.
Klep dicht.
Tralala, niets aan de hand.

7. De mobiel

Rins loopt naar Ali.
'Riep je me?' vraagt hij.
'Dok zoekt je,' zegt Ali.
Oei, nu moet Rins slim zijn.
Oom Ben belt om twaalf uur.
En het is nu één minuut voor twaalf.
Ik druk de mobiel uit, denkt hij.
Dan bel ik oom Ben wel terug.
Hij graait in zijn zak …
Huh?
Hij zoekt en zoekt …
Kreun.
De mobiel ligt nog in het ruim!!
Wat een oen is hij!

Daar is Dok.
'Hoi Rins.
Ik heb een klusje voor je.
Er ligt veel troep in de bus.
Wil jij …'
Tiedie, tiedie …
De mobiel!!
Het komt uit de bus.
'Hé!' zegt Dok.
Hij loopt naar het ruim.
O, help, help, help, denkt Rins.
Tiedie, tiedie …
Hij hoort het nu hard.

Dok heeft de mobiel in zijn hand.
Hij neemt op en luistert.
Dan vraagt hij: 'Of ik veilig ben?
Wat bedoelt u?'
Rins kreunt zacht.
Waarom vraagt oom Ben dat nou!!
'O, hij is weg,' zegt Dok.
Hij houdt de mobiel in de lucht.
'Jongens, van wie is die?
Hij lag in het ruim.
Vlak bij deze kist!'
De jongens kijken.
'Nee, nee, nooit gezien,' zeggen ze.
Rins doet mee.
Hij schudt zijn hoofd.
'Die is niet van mij.'
'Jij hebt toch geen mobiel?' vraagt Dok.
'Ha ha, dat klopt!' zegt Rins.
Hij lacht heel nep.
'Ik houd hem wel bij me,' zegt Dok.
'En nu gaan we!
Hup, hup, de bus in!'

Rins zit weer naast Ali.
Zwier zit weer achter het stuur.
'Oké, daar gaan we,' zegt Dok.
Zwier start ...
Er gebeurt niets.
Hij start nog eens.
Nee, er is iets mis met de bus.
Dok staat op.

'Ik kijk onder de kap,' zegt hij.

Ineens staat Maud op.
'Ho!' roept ze.
'Blijf zitten!
Die bus is niet stuk.
Dat heb ik gedaan.'
Huh?
Ze heeft een …
Heeft ze daar nou een …
Ja, ze heeft een pistool!
Maud?
'Geef die mobiel hier!' snauwt ze.
'Maar … maar …' zegt Dok.
Maud richt het pistool op hem.
'Nu!' zegt ze.
Snel geeft Dok de mobiel.
Dan kijkt Maud weer de bus in.
'Iemand zei: "Ben je veilig".
Tegen wie had hij het?' roept ze.
'Van wie is deze mobiel?'
Ze vraagt het lief.
Maar ze kijkt echt niet lief.
Rins krijgt het er ijskoud van.
Wat moet hij doen?!!

8. Twee, twee, twee

Maud staat nog voor in de bus.
Het is heel erg heet.
Rins zweet als een otter.
'Ik wacht,' zegt Maud.
'Van wie is deze mobiel.
Zeg het nou maar.
Ik kom er toch wel achter.'
'Maar Maud,' zegt de trainer.
'KOP DICHT!!' brult Maud.
Rins wordt haast gek van angst.
Hij houdt het niet meer uit.
'Ali,' fluistert hij.
'De mobiel is van mij.'
Ali kijkt niet eens opzij.
Maar hij knikt wel.
Dan steekt hij zijn vinger op.
Gaat hij het zeggen?
'Nee, nee,' fluistert Rins bang.
'Hij is van mij,' zegt Ali.
'Ik kreeg hem van een Spaanse man.
Die zat in het hotel.'
Pffft.
'Dank je,' fluistert Rins.
Maar Maud schreeuwt: 'Je liegt!!'
Ze richt het pistool op Ali.
'Nee, het is echt waar!' roept Ali bang.
Zijn stem beeft.
'Het klopt!' zegt een jongen.

'Hij was van een Spaanse man.'
Alle jongens zeggen het nu:
'Ja, hij was van een Spaanse man.'
Rins kijkt naar Maud.
Zijn hart bonkt in zijn oren.
Gelooft ze het?
'Je liegt!' schreeuwt Maud.
Ze staat nog steeds voor in de bus.
'Waarom gaf die man hem dan aan je?'
'Hij had er nog één,' zegt Ali.
'Wat is de code dan?' vraagt Maud.
'Zeg het, nu!' roept ze boos.
Haar hals wordt rood.
Ze is ook bang, denkt Rins.
En bange mensen doen soms raar.
'Ehm, de code?' vraagt Ali.
Ineens krijgt Rins een idee.
Is het stom of is het slim …
Hij weet het niet.
Maar hij moet iets doen.
'Twee, twee, twee,' zegt hij zacht.
Ali knikt.
'Drie keer twee,' zegt hij tegen Maud.
Maud kijkt hem aan.
Dan drukt ze: twee, twee, twee.
Ze kijkt op het scherm.
Nu! denkt Rins.
Nu neemt oom Ben op.
'Maud!' roept hij hard.
'Je hebt een pistool!
En we staan in Viga!'

Maud kijkt hem verbaasd aan.
'Pardon?' zegt ze.
Rins krijgt een rood hoofd.
Maar hij heeft het wel mooi gezegd!
Hoorde oom Ben het?
Dan houdt Maud de mobiel aan haar oor.
Ze richt nog steeds haar pistool op Ali.
Oom Ben, hou je mond! denkt Rins.
Maud hoort niets.
Pfffft, dat ging dus goed.
Maud draait nu een ander nummer.
'Ja, met Maud,' zegt ze.
'Haal me maar op.
Het is fout.
Ik moet hier weg.
We nemen de buit mee.
Kom snel!
We staan in Viga'
Dan hangt ze op.

9. Een spion is nooit bang!

Maud staat nog steeds voor in de bus.
Ik moet iets doen, denkt Rins.
Straks smeert ze hem, mét het goud.
'Mag ik even plassen?' vraagt hij zacht.
'Plas maar in je broek,' zegt Maud.
'Ik ben echt zo weer terug,' zegt Rins.
'Ik plas altijd heel snel.'
'Nou, toe dan maar,' zucht Maud.
Yes!
Zwier doet de deur open.
Rins rent de bus uit.
Hij gaat achter een boom staan.
Let Maud op hem?
Nee, ze kijkt niet.
Durft hij het ...
Ja, nu!!
Bukkend rent hij naar het ruim.
Vlug, straks ziet ze dat hij weg is.
Hij doet de klep open …
Nee, hij zit op slot!
Of klemt hij alleen maar?
Nog eens … Ja!
Heel zacht doet hij de klep open.
Wat piept dat ding!!
Zou ze hem nu al missen?
Daar staat de kist.
Schiet op!!
Vlug klimt hij naar binnen.

Tien tellen later is hij terug.

Maud kijkt voor zich uit.

'Ik moest heel nodig!' zegt Rins.

'Boeiend zeg!' zegt Maud.

Dan komen er twee auto's aan.

Oom Ben?

Nee, Maud zwaait.

'Deur open,' zegt ze tegen Zwier.

Nu vlucht ze weg, denkt Rins.

Er komt een man naar Maud toe.

Hij heeft een baard tot op zijn borst.

'Pak de kist uit het ruim,' zegt Maud.

'En rij gauw weg.

Ik pak die tweede auto wel.'

De man doet wat ze zegt.

Hij laadt de kist in.

Dan rijdt hij weg.

Maud loopt de bus uit.

Ze stapt in de andere auto.

Weg is Maud.

Meteen komt er een auto.

Er staat een zwaailicht op het dak.

Nog een auto met zwaailicht, en nog één.

Ze rijden Maud klem.

De jongens kijken door het raam.

Ze klappen en juichen.

Rins kijkt naar Ali.

'Dank je wel,' zegt hij.

Ali lacht.

'Graag gedaan,' zegt hij.

'Maar ik snap er niets van!'

Uren later zijn ze thuis.

Oom Ben staat al te wachten.

Samen met zijn baas.

Die is tóp geheim agent.

De jongens stappen uit de bus.

'Dat is mijn neef!' roept oom Ben.

'Hij is een held!'

'Goed werk, Rins,' zegt de baas.

'Het goud is weg.

Maar Maud is gepakt.'

Rins zegt niets.

Hij loopt naar het ruim.

Daar ligt zijn tas.

Er zit een bal in!

Rins legt de bal op de grond.

'Ali, keepen!' roept Rins.

Hij duwt tegen de bal.

Maar de bal beweegt niet!

De mond van oom Ben zakt open.

'Zit het … zit het goud daarin?'

Rins knikt.

'Ik heb flessen water in de kist gedaan!'

'Was je dan niet bang?' vraagt Ali.

'Nee hoor!' zegt Rins.

'Ik ben een spion.

En een spion is nooit bang!'

Zoeklicht

De serie Zoeklicht is bestemd voor kinderen van
9 tot en met 12 jaar. De boeken zijn spannend,
maar ook heel toegankelijk. Er zijn vier
leestechnische niveaus:

Zoeklicht start	AVI 3
Zoeklicht *	AVI 4
Zoeklicht **	AVI 5
Zoeklicht ***	AVI 6-7

Andere spannende Zoeklichtboeken

De geest van meester Thijs
Het is stil in groep zeven.
Plots klinkt er een gek geluid.
Sleept er iets over de zoldcr?
Wim kijkt omhoog.
'Wat is dat?' vraagt hij.
Juf Mick weet het.
Maar ze wil het niet zeggen.
Nu nog niet …

Niet voor watjes
Toon en Sil zijn op de kermis.
Toon wil niet in de molen.
En de schiettent is ook maar suf.
Dat is voor watjes.
'Ik wil gevaar,' zegt hij stoer.
Er staat ook een kleine, ronde tent.
Op een bord staat GEVAAR.
'Dit is niet zomaar een tent,' zegt een oude man.
'Je waagt er je leven.'